中華古籍保護計劃

ZHONG HUA GU JI BAO HU JI HUA CHENG GUO

·成果·

（唐）陸羽　撰　（宋）朱肱　撰

宋本茶經　宋本酒經

國家圖書館出版社

圖書在版編目(CIP)數據

宋本茶經/(唐)陸羽撰.宋本酒經/(宋)朱肱撰.—北京:國家圖書館出版社,2019.6(2024.9 重印)

(國學基本典籍叢刊)

ISBN 978-7-5013-6667-5

Ⅰ.①宋… ②宋… Ⅱ.①陸… ②朱… Ⅲ.①茶文化—中國—古代 ②酒文化—中國—古代 Ⅳ.①TS971

中國版本圖書館 CIP 數據核字(2019)第 074512 號

書　　名　宋本茶經　宋本酒經

著　　者　(唐)陸羽　撰　(宋)朱肱　撰

責任編輯　張慧霞

重印編輯　劉静怡

封面設計　徐新狀

出版發行　國家圖書館出版社(北京市西城區文津街 7 號　100034)

(原書目文獻出版社　北京圖書館出版社)

010-66114536　63802249　nlcpress@nlc.cn(郵購)

網　　址　http://www.nlcpress.com

印　　裝　河北三河弘翰印務有限公司

版次印次　2019 年 6 月第 1 版　2024 年 9 月第 2 次印刷

開　　本　880×1230　1/32

印　　張　4.375

書　　號　ISBN 978-7-5013-6667-5

定　　價　20.00 圓

#《國學基本典籍叢刊》編委會

《國學基本典籍叢刊》前言

國家圖書館出版社（原名書目文獻出版社 北京圖書館出版社）成立三十多年來，出版了大量的中國傳統文化典籍。由於這些典籍的出版往往采用叢書的方式或綫裝形式，供公共圖書館和大學圖書館典藏使用，普通讀者因價格較高、部頭較大，不易購買使用。爲弘揚優秀傳統文化，滿足廣大普通讀者的需求，現將經、史、子、集各部的常用典籍，選擇善本，分輯陸續出版單行本。每書之前均加簡要説明，必要者加編目録和索引，總名《國學基本典籍叢刊》。歡迎讀者提出寶貴意見和建議，以使這項工作逐步完善。

國家圖書館出版社

二〇一六年四月

目録

宋本茶經三卷 （唐）陸羽 撰 宋刻《百川學海》本

宋本酒經三卷 （宋）朱肱 撰 宋刻本

（唐）陸羽 撰

宋本茶經三卷

宋刻《百川學海》本

據四川省圖書館藏宋刻《百川學海》本影印原書版框高二十一厘米寬十五點一厘米

序言

俗話説：『開門七件事，柴米油鹽醬醋茶。』由此可見，『茶』已經深深融入中國人的日常生活中了。又有以『琴棋書畫詩酒花』與其聯對，概括文人雅事，説明『酒』是傳統文化中『茶』以外的重要飲品，正所謂『天子呼來不上船，自稱臣是酒中仙』。可以説『酒文化』與『茶文化』都是中國傳統飲食文化的重要組成部分。這一册『國學基本典籍叢刊』就選録了最具代表性的陸羽《茶經》和朱肱《酒經》。説來也巧，兩部書的作者都與湖州有關，朱肱是湖州人，而陸羽也曾長期客居湖州。

《茶經》作者陸羽（七三三—約八〇四），號竟陵子、東岡子、茶山御史，唐復州竟陵（今湖北天門）人。《新唐書·隱逸傳》有傳，《文苑英華》收録其二十九歲時作《陸文學自傳》，《因話録》等亦記其事迹。相傳陸羽爲弃兒，由僧人收養，從僧人俗姓陸，字鴻漸；一説卜筮，從《易·漸卦·爻辭》『鴻漸於陸，其羽可用爲儀』得姓名。又名疾，字季疵。少年時離開寺院，成爲優伶，後受竟陵太守李齊物賞識，於火門山從鄒夫子學，遂與士大夫交游。年長後游歷各地，避安史之亂，曾居餘杭苧山，號桑苧翁，又隱居苕溪、吴興，撰述《茶經》。陸羽交游極廣，僧皎然、顔真卿、張志和、劉長卿、戴叔倫、權德輿、吴筠、孟郊以至女詩人李季蘭等多有贈陸詩文，他與皎然更是莫逆之交。後詔拜太子文學、太常寺太祝，皆不就職，後世稱呼爲陸文學、陸太祝。陸羽一生著述頗多，但流傳下來的衹有這部《茶經》，也因此被譽爲『茶聖』。《全唐詩》收録陸羽詩兩首，録其中一首《會稽小東山》以見其文采：『月色寒潮入剡溪，青猿叫斷緑林西。昔人已逐東流去，空見年年江草齊。』唐張又新《煎茶水記》引陸羽之説，評廬山康王谷水簾水第一，無錫縣惠山寺石泉水第二等，由此出『天下第二泉』之説種種。

《茶經》是世界上第一部茶學專著，全書三卷，十章，分别叙述了茶的起源、形態、種類以及栽培方法； 茶葉的采摘和用具； 茶葉的煎煮和飲用； 茶葉的掌故和功效； 茶的産地和優劣等。中國是茶的原産地和故鄉，今天它和咖啡、可可并爲世界三大飲料。茶在古代也稱爲『荼』『茗』，《爾雅·釋木》就有記載：『檟，苦荼』。古代東西方貿易有舉世聞名的『絲綢之路』，也有以茶爲名的『茶馬互市』和『茶馬古道』。茶與絲綢、瓷器一樣，是世界貿易中的重要商品，自英國東印度公司將中國茶引種到印度、斯里蘭卡等地後，改變了當時的世界貿易格局。《茶經》也因全文被美國人威廉·烏克斯（W. H. Ukers）編著的《茶葉全書》收録而從東亞走向世界。美國獨立戰爭的導火索就是『茶葉税』，可以説茶深深影響了世界歷史。《茶經》有許多版本，但宋本留存衹有一個，即南宋刻《百川學海》本（《第五批國家珍貴古籍名録》11453號），此次據四川省圖書館藏本影印，以饗讀者。值得一提的是，南宋左圭編的《百川學海》，雖然比公認『中國叢書鼻祖』《儒學警悟》晚七十餘年，但《儒學警悟》没有宋刻本傳世，《百川學海》以天干分集，凡十集，收書百種，規模和收書範圍都遠超《儒學警悟》，是今日能見最早的宋刻大型叢書。《茶經》收録在壬集，此次影印，亦可窺宋刻本《百川學海》之一斑，可謂一舉兩得。

此本從鈐印和題跋上看，歷經五家後入四川省圖書館，第一家爲明代程邃，藏印有『垢道人程邃穆倩氏』『程邃』『穆倩』，第二家爲清代『揚州八怪』之金農，藏印有『金氏壽門』『金吉金印』『龍虎丁卯』，第三家爲清代桂林唐岳，藏印有『桂林唐氏仲實珍藏圖籍』『桂林唐氏珍藏』『十萬卷樓』『函雅樓藏書印』『仲實手校』，第四家是近代著名書畫家張大千，藏印有『張爰』『張季』『大千』『藏之大千』『三千大千』『大風堂』『大風堂長物』，第五家是民國四川大學教授陳迹，書前有其題跋，『踐室長物』應該是其藏印。

孫顥斌

二〇一九年六月

周櫟園嘗稱歙人程邃穆倩善治印此書有垢道人程邃穆倩氏朱文藏印蓋即櫟園所稱者據此則藏此書者初爲歙人繼入金冬心耳 壬午春中陳垣并記

兩般秋雨盦隨筆卷七 蕭山王穀塍先生宗炎釋褐後遂不出山里居四十年閉戶著書搜藏甚富顏其居曰十萬卷樓 此書鈔十萬卷樓朱文方印蓋蕭氏非陸心源也 陳垣并記

茶經卷上

竟陵陸羽撰

一之源　二之具　三之造

一之源

茶者南方之嘉木也一尺二尺迺至數十尺其巴山峽川有兩人合抱者伐而掇之其樹如瓜蘆葉如梔子花如白薔薇實如栟櫚葉如丁香根如胡桃瓜蘆木出廣州似茶至苦澀栟櫚蒲葵之屬其子似茶胡桃與茶根皆下孕兆至瓦礫苗木上抽其字或從草或從木或草木并從草當作茶其字出開元文字音義從木當作梌其字出本草草木并作茶其字出爾雅其名一曰茶二曰檟三曰蔎四曰茗五曰荈周公云檟苦茶楊執戟云蜀西南人謂茶曰蔎郭弘農云早取爲茶晚取爲茗或一曰荈耳其地上者生爛石中者生櫟壤下者生黃土凡藝

而不實植而罕茂法如種瓜三歲可採野者上園者次陽崖陰林紫者上緑者次笋者上牙者次葉卷上葉舒次陰山坡谷者不堪採掇性凝滯結瘕疾茶之爲用味至寒爲飲最宜精行儉德之人若熱渴凝悶腦疼目澁四支煩百節不舒聊四五啜與醍醐甘露抗衡也採不時造不精雜以卉莽飲之成疾茶爲累也亦猶人參上者生上黨中者生百濟新羅下者生高麗有生澤州易州幽州檀州者爲藥無效況非此者設服薺苨使六疾不瘳知人參爲累則茶累盡矣

二之具

籯加追反 一曰籃一曰籠一曰筥以竹織之受五升或一斗二斗三斗者茶人負以採茶也 籯漢書音盈所謂黃金滿籯不

如一經顏師古云籯竹器也受四升耳

竈無用突者釜用脣口者

甑或木或瓦匪腰而泥籃以箄之篾以系之始其蒸也入乎箄既其熟也出乎箄釜涸注於甑中甑不帶而泥之又以穀木枝三亞者制之散所蒸牙笋并葉畏流其膏

杵臼一曰碓惟恒用者佳

規一曰模一曰棬以鐵制之或圓或方或花

承一曰臺一曰砧以石爲之不然以槐桑木半埋地中遣無所搖動

檐一曰衣以油絹或雨衫單服敗者爲之以檐置承上又以規置檐上以造茶也茶成舉而易之

芘莉音杷离一曰羸子一曰筹筤以二小竹長三赤軀二赤五寸柄五寸以篾織方眼如圃人土羅闊二赤以列茶也

棨一曰錐刀柄以堅木爲之用穿茶也

撲一曰鞭以竹爲之穿茶以解茶也

焙鑿地深二尺闊二尺五寸長一丈上作短墻高二尺泥之

貫削竹爲之長二尺五寸以貫茶焙之

棚一曰棧以木構於焙上編木兩層高一尺以焙茶也茶之半乾昇下棚全乾昇上棚

穿音釧江東淮南剖竹爲之巴川峽山紉穀皮爲之江東以一斤爲上穿半斤爲中穿四兩五兩爲小穿峽

中以一百二十斤爲上八十斤爲中穿五十斤爲小穿字舊作釵釧之釧字或作貫串今則不然如磨扇彈鑽縫五字文以平聲書之義以去聲呼之其字以穿名之

育以木制之以竹編之以紙糊之中有隔上有覆下有床傍有門掩一扇中置一器貯煻煨火令熅熅然江南梅雨時焚之以火育者以其藏養爲名

三之造

凡採茶在二月三月四月之間茶之筍者生爛石沃土長四五寸若薇蕨始抽凌露採焉茶之牙者發於藂薄之上有三枝四枝五枝者選其中枝穎拔者採焉其日有雨不採晴有雲不採晴採之蒸之擣之拍

之焙之穿之封之茶之乾矣茶有千萬狀鹵莽而言如胡人鞾者蹙縮然（京錐文也）犎牛臆者廉襜然浮雲出山者輪囷然輕飇拂水者涵澹然有如陶家之子羅膏土以水澄泚之（謂澄泥也）又如新治地者遇暴雨流潦之所經此皆茶之精腴有如竹籜者枝幹堅實艱於蒸擣故其形簏簁然（上離下師）有如霜荷者莖葉凋沮易其狀貌故厥狀委萃然此皆茶之瘠老者也自採至于封七經目自胡鞾至于霜荷八等或以光黑平正言嘉者斯鑒之下也以皺黃坳垤言佳者鑒之次也若皆言嘉及皆言不嘉者鑒之上也何者出膏者光含膏者皺宿製者則黑日成者則黃蒸壓則平正縱之則坳垤此茶與草木葉一也茶之否臧存於口訣

茶經卷中

竟陵陸　羽　撰

四之器

風爐 灰承　筥　炭檛　鍑

交床　夾　紙囊　碾 拂末

羅合　則　水方　漉水囊

瓢　竹筴　鹺簋 揭　熟盂

盌　畚　札　滌方

巾　具列　都籃

風爐 灰承

風爐以銅鐵鑄之如古鼎形厚三分緣闊九分令六分虛中致其杇墁凡三足古文書二十一

字一足云坎上巽下离于中一足云體均五行去百疾一足云聖唐滅胡明年鑄其三足之間設三窻底一窻以爲通飈漏燼之所上並古文書六字一窻之上書伊公二字一窻之上書羹陸二字一窻之上書氏茶二字所謂伊公羹陸氏茶也置墆埭於其内設三格其一格有翟焉翟者火禽也畫一卦曰离其一格有彪焉彪者風獸也畫一卦曰巽其一格有魚焉魚者水蟲也畫一卦曰坎巽主風离主火坎主水風能興火火能熟水故備其三卦焉其飾以連葩垂蔓曲水方文之類其爐或鍛鐵爲之或運泥爲之其灰承作三足鐵柈檯之

筥

筥以竹織之高一尺二寸徑闊七寸或用藤作木楦如筥形織之六出固眼其底蓋若利篋口鑠之

炭撾

炭撾以鐵六稜制之長一尺鋭一豐中執細頭系一小鍰以飾撾也若今之河隴軍人木吾也或作鎚或作斧隨其便也

火筴

火筴一名筯若常用者圓直一尺三寸頂平截無葱臺勾鏁之屬以鐵或熟銅製之

鍑音輔或作釜或作鬴

鍑、以生鐵爲之今人有業冶者所謂急鐵其鐵以耕刀之趄鍊而鑄之内模土而外模沙土滑於内易其摩滌沙澁於外吸其炎焰方其耳以正令也廣其緣以務遠也長其臍以守中也臍長則沸中沸中則末易揚末易揚則其味淳也洪州以瓷爲之萊州以石爲之瓷與石皆雅器也性非堅實難可持久用銀爲之至潔但涉於侈麗雅則雅矣潔亦潔矣若用之恒而卒歸於銀也

交床

交床以十字交之剜中令虚以支鍑也

夾

夾以小青竹爲之長一尺二寸令一寸有節節已上剖之以炙茶也彼竹之篠津潤于火假其香潔以益茶味恐非林谷間莫之致或用精鐵熟銅之類取其久也

紙囊

紙囊以剡藤紙白厚者夾縫之以貯所炙茶使不泄其香也

碾 拂末

碾以橘木爲之次以梨桑桐柘爲臼內圓而外方內圓備於運行也外方制其傾危也內容墮而外無餘木墮形如車輪不輻而軸焉長九寸闊一寸七分墮徑三寸八分中厚一寸邊厚半

寸軸中方而執圓其拂末以鳥羽製之

羅合

羅末以合蓋貯之以則置合中用巨竹剖而屈之以紗絹衣之其合以竹節爲之或屈杉以漆之高三寸蓋一寸底二寸口徑四寸

則

則以海貝蠣蛤之屬或以銅鐵竹匕策之類則者量也准也度也凡煑水一升用末方寸匕若好薄者減之嗜濃者增之故云則也

水方

水方以椆木槐楸梓等合之其裏并外縫漆之受一斗

漉水囊

漉水囊若常用者其格以生銅鑄之以備水濕無有苔穢腥澀意以熟銅苔穢鐵腥澀也林栖谷隱者或用之竹木木與竹非持久涉遠之具故用之生銅其囊織青竹以捲之裁碧縑以縫之細翠鈿以綴之又作綠油囊以貯之圓徑五寸柄一寸五分

瓢

瓢一曰犧杓剖瓠爲之或刊木爲之晉舍人杜毓荈賦云酌之以匏匏瓢也口闊脛薄柄短永嘉中餘姚人虞洪入瀑布山採茗遇一道士云吾丹丘子祈子他日甌犧之餘乞相遺也犧木

杓也今常用以梨木爲之

竹筴

竹筴或以桃柳蒲葵木爲之或以柿心木爲之長一尺銀裹兩頭

鹺簋　揭

鹺簋以瓷爲之圓徑四寸若合形或瓶或罍貯鹽花也其揭竹制長四寸一分闊九分揭策也

熟盂

熟盂以貯熟水或瓷或沙受二升

盌

盌越州上鼎州次婺州次岳州次壽州洪州次或者以邢州處越州上殊爲不然若邢瓷類銀

越瓷類玉邢不如越一也若邢瓷類雪則越瓷類水邢不如越二也邢瓷白而茶色丹越瓷青而茶色緑邢不如越三也晉杜毓荈賦所謂器擇陶揀出自東甌甌越也甌越州上口脣不卷底卷而淺受半升已下越州瓷岳瓷皆青青則益茶茶作白紅之色邢州瓷白茶色紅壽州瓷黄茶色紫洪州瓷褐茶色黑悉不宜茶

畚

畚以白蒲捲而編之可貯盌十枚或用筥其紙帊以剡紙夾縫令方亦十之也

札

札緝栟櫚皮以茱萸木夾而縛之或截竹束而

管之若巨筆形

滌方

滌方以貯滌洗之餘用楸木合之制如水方受八升

滓方

滓方以集諸滓製如滌方處五升

巾

巾以絁布爲之長二尺作二枚互用之以潔諸器

具列

具列或作床或作架或純木純竹而製之或木法竹黄黑可扃而漆者長三尺闊二尺高六寸

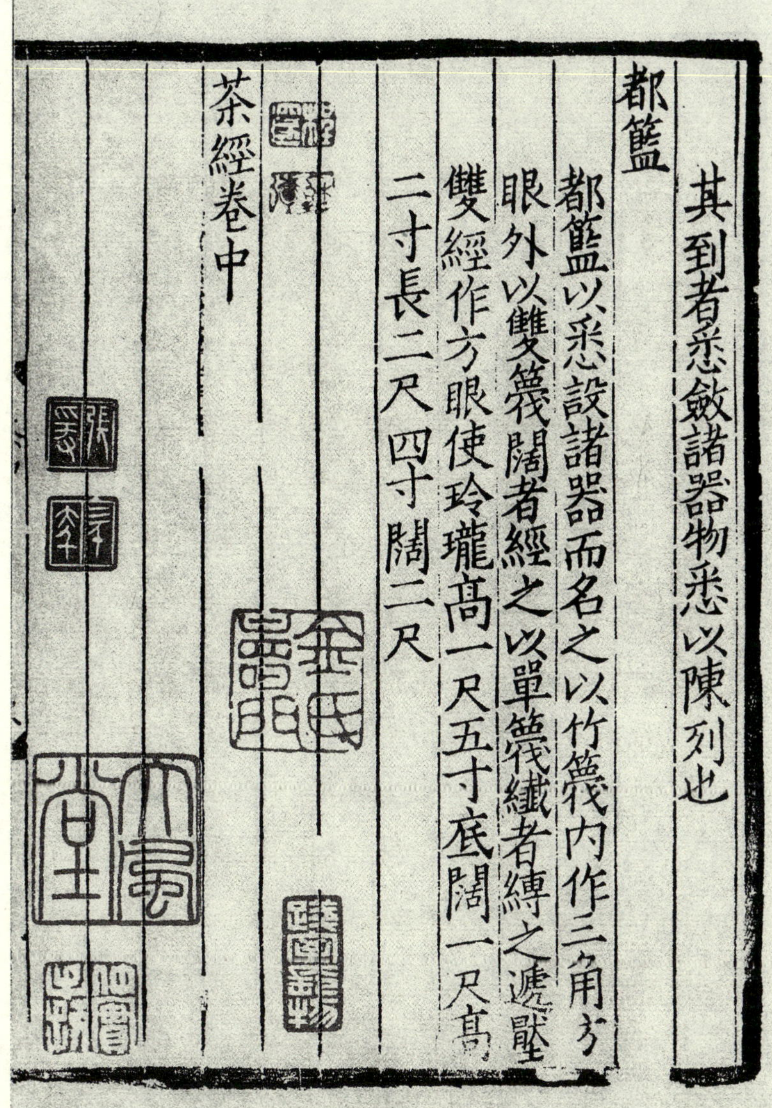

其到者悉斂諸器物悉以陳列也

都籃

都籃以悉設諸器而名之以竹篾内作三角方眼外以雙篾闊者經之以單篾纖者縛之遞壓雙經作方眼使玲瓏高一尺五寸底闊一尺高二寸長二尺四寸闊二尺

茶經卷中

茶經卷下

竟陵陸[illegible]撰

五之煑

凡炙茶慎勿扵風燼間炙熛焰如鑽使炎涼不均持以逼火屢其飜正候炮（普教反）出培塿狀蝦蟇背然後去火五寸卷而舒則本其始又炙之若火乾者以氣熟止日乾者以柔止其始若茶之至嫩者蒸罷熱搗葉爛而牙笋存焉假以力者持千鈞杵亦不之爛如漆科珠壯士接之不能駐其指及就則似無穰骨也炙之則其節若倪倪如嬰兒之臂耳既而承熱用

囊貯之精華之氣無所散越候寒末之末之上者其屑如細米末
之下者其屑如菱角其火用炭次用勁薪謂桑槐桐櫪之類也其炭曾經
燔炙爲膻膩所及及膏木敗器不用之膏木爲柏桂檜也敗器謂
杇廢器也古人有勞薪之味信哉其水用山水上江水中
井水下荈賦所謂水則岷方之注揖彼清流其山水揀乳泉石池漫
者上其瀑湧湍漱勿食之久食令人有頸疾又多別
流於山谷者澄浸不洩自火天至霜郊以前或潛
蓄毒於其間飲者可決之以流其惡使新泉涓涓然
酌之其江水取去人遠者井取汲多者其沸如魚目
微有聲爲一沸緣邊如湧泉連珠爲二沸騰波鼓浪
爲三沸已上水老不可食也初沸則水合量調之以
鹽味謂弃其啜餘啜嘗也市稅反又市悅反無迺䤄艦而鍾其一

味乎（上古暫反下吐濫反無味也）第二沸出水一瓢以竹筴環激湯心則量末當中心而下有頃勢若奔濤濺沫以所出水止之而育其華也凡酌置諸盌令沫餑均（字書并本草餑均茗沫也蒲笏反）沫餑湯之華也華之薄者曰沫厚者曰餑細輕者曰花如棗花漂漂然於環池之上又如迴潭曲渚青萍之始生又如晴天爽朗有浮雲鱗然其沫者若綠錢浮於水渭又如菊英墮於鐏俎之中餑者以滓煑之及沸則重華累沫皤皤然若積雪耳荈賦所謂煥如積雪燁若春藪有之第一煑水沸而棄其沫之上有水膜如黑雲母飲之則其味不正其第一者爲雋永（徐縣全縣二反至美者西雋永雋味也永長也史長曰雋永漢書蒯通著雋永二十篇也）或留熟以貯之以備育華救沸之用諸第一與

第二第三盌次之，第四第五盌外，非渴甚莫之飲。凡煑水一升，酌分五盌（盌數少至三，多至五。若人多至十，加兩爐），乘熱連飲之。以重濁凝其下，精英浮其上。如冷，則精英隨氣而竭，飲啜不消亦然矣。茶性儉，不宜廣，則其味黯澹。且如一滿盌，啜半而味寡，況其廣乎！其色緗也，其馨𩡞也（香至美曰𩡞，𩡞音使），其味甘，檟也；不甘而苦，荈也；啜苦咽甘，茶也（一本云：其味苦而不甘，檟也；甘而不苦，荈也）。

六之飲

翼而飛，毛而走，去而言，此三者俱生於天地間，飲啄以活，飲之時義遠矣哉！至若救渴，飲之以漿；蠲憂忿，飲之以酒；蕩昏寐，飲之以茶。茶之爲飲，發乎神農氏，聞於魯周公。齊有晏嬰，漢有揚雄、司馬相如，吳有韋曜晉有劉琨張載遠祖納謝安左思之徒皆飲焉滂時浸俗盛於國朝兩都并荆俞間以爲比屋之飲飲有觕茶散茶末茶餅茶者乃斫乃熬乃煬乃舂貯於瓶缶之中以湯沃焉謂之痷茶或用葱薑棗橘皮茱萸薄荷之等煑之百沸或揚令滑或煑去沫斯溝渠間弃水耳而習俗不已於戲天育萬物皆有至妙人之所工但獵淺易所庇者屋屋精極所著者衣衣精極所飽者飲食食與酒皆精極之茶有九難一曰造二曰別三曰器四曰火五曰水六曰炙七曰末八曰煑九曰飲陰採夜焙非造也嚼味嗅香非別也羶鼎腥甌非器也膏薪庖炭非火也飛湍壅潦非水也外熟內生非炙也碧粉縹塵非末也操艱攪遽非煑也

夏興冬廢非飲也夫珍鮮馥烈者其盌數三次之者
盌數五若坐客數至五行三盌至七行五盌若六人
已下不約盌數但闕一人而已其雋永補所闕人

七之事

王皇炎帝神農氏周魯周公旦齊相晏嬰漢仙人丹
丘子黄山君司馬文園令相如楊執戟雄吳歸命侯
韋太傅弘嗣晉惠帝劉司空琨琨兄子兖州刺史演
張黄門孟陽傅司隸咸江洗馬充孫參軍楚左記室
太沖陸吳興納納兄子會稽内史俶謝冠軍安石郭
弘農璞桓揚州温杜舍人毓武康小山寺釋法瑤沛
國夏侯愷餘姚虞洪北地傅巽丹陽弘君舉安任育
宣城秦精燉煌單道開剡縣陳務妻廣陵老姥河内

山謙之後魏瑯琊王肅宋新安王子鸞鸞弟豫章王
子尚鮑昭妹令暉八公山沙門譚濟齊世祖武帝梁
劉廷尉陶先生弘景皇朝徐英公勣

神農食經茶茗久服令人有力悅志

周公爾雅檟苦荼廣雅云荆巴間採葉作餅葉老者
餅成以米膏出之欲煮茗飲先炙令赤色搗末置瓷
器中以湯澆覆之用葱薑橘子芼之其飲醒酒令人
不眠

晏子春秋嬰相齊景公時食脫粟之飯炙三弋五卵
茗菜而已

司馬相如凡將篇烏喙桔梗芫華款冬貝母木蘗蔞
芩草芍藥桂漏蘆蜚廉雚菌荈詫白斂白芷菖蒲芒

消莞椒茱萸

方言蜀西南人謂茶曰蔎

吳志韋曜傳孫皓每饗宴坐席無不率以七勝爲限雖不盡入口皆澆灌取盡曜飲酒不過二升皓初禮異密賜茶荈以代酒

晉中興書陸納爲吳興太守時衛將軍謝安常欲詣納晉書云納爲吏部尚書納兄子俶怪納無所備不敢問之乃私蓄十數人饌安既至所設唯茶果而已俶遂陳盛饌珍羞必具及安去納杖俶四十云汝既不能光益叔父柰何穢吾素業

晉書桓温爲揚州牧性儉每讌飲唯下七奠拌茶果而已

搜神記夏侯愷因疾死宗人字苟奴察見鬼神見愷來收馬并病其妻著平上幘單衣入坐生時西壁大床就人覓茶飲

劉琨與兄子南兗州刺史演書云前得安州乾薑一斤桂一斤黃芩一斤皆所須也吾體中潰悶常仰眞茶汝可置之

傅咸司隸教曰聞南方有以困蜀嫗作茶粥賣爲簾事打破其器具 又賣餅於市而禁茶粥以蜀姥何哉

神異記餘姚人虞洪入山採茗遇一道士牽三青牛引洪至瀑布山曰吾丹丘子也聞子善具飲常思見惠山中有大茗可以相給祈子他日有甌犧之餘乞

相遺也因立奠祀後常令家人入山獲大茗焉

左思嬌女詩吾家有嬌女皎皎頗白皙小字爲紈素口齒自清歷有姊字惠芳眉目粲如畫馳騖翔園林果下皆生摘貪華風雨中倏忽數百適心爲茶荈劇吹噓對鼎䥶

張孟陽登成都樓詩云借問楊子舍想見長卿廬程卓累千金驕侈擬五侯門有連騎客翠帶腰吳鈎鼎食隨時進百和妙且殊披林採秋橘臨江釣春魚黑子過龍醢果饌踰蟹蝑芳茶冠六情溢味播九區人生苟安樂茲土聊可娛

傅巽七誨蒲桃宛柰齊柿燕栗峘陽黄梨巫山朱橘南中茶子西極石蜜

弘君舉食檄寒温既畢應下霜華之茗三爵而終應下諸蔗木瓜元李楊梅五味橄欖懸豹葵羹各一杯

孫楚歌茱萸出芳樹顛鯉魚出洛水泉白鹽出河東美豉出魯淵薑桂茶荈出巴蜀椒橘木蘭出高山蓼蘇出溝渠精稗出中田

華佗食論苦茶久食益意思

壺居士食忌苦茶久食羽化與韭同食令人體重郭璞爾雅注云樹小似梔子冬生葉可煑羹飲今呼早取爲茶晚取爲茗或一曰荈蜀人名之苦茶

世說任瞻字育長少時有令名自過江失志既下飲問人云此爲茶爲茗覺人有怪色乃自分明云向問飲爲熱爲冷

續搜神記晉武帝宣城人秦精常入武昌山採茗遇一毛人長丈餘引精至山下示以叢茗而去俄而復還乃探懷中橘以遺精精怖負茗而歸

晉四王起事惠帝蒙塵還洛陽黃門以瓦盂盛茶上至尊

異苑剡縣陳務妻少與二子寡居好飲茶茗以宅中有古塚每飲輒先祀之二子患之曰古塚何知徒以勞意欲掘去之母苦禁而止其夜夢一人云吾止此塚三百餘年卿二子恒欲見毀賴相保護又享吾佳茗雖潛壤朽骨豈忘翳桑之報及曉於庭中獲錢十萬似久埋者但貫新耳母告二子慚之從是禱饋愈甚

廣陵耆老傳晉元帝時有老姥每旦獨提一器茗往市鬻之市人競買自旦至夕其器不減所得錢散路傍孤貧乞人人或異之州法曹縶之獄中至夜老姥執所鬻茗器從獄牖中飛出

藝術傳燉煌人單道開不畏寒暑常服小石子所服藥有松桂蜜之氣所餘茶蘇而已釋道該說續名僧傳宋釋法瑤姓楊氏河東人永嘉中過江遇沈臺真請真君武康小山寺年垂懸車飯所飲茶永明中勑吳興禮致上京年七十九

宋江氏家傳江統字應遷愍懷太子洗馬常上疏諫云今西園賣醯麪藍子菜茶之屬虧敗國體

宋録新安王子鸞豫章王子尚詣曇濟道人於八公

山道人設茶茗子尚味之曰此甘露也何言茶茗

王微雜詩寂寂掩高閣寥寥空廣厦待君竟不歸收領今就檟

鮑昭妹令暉著香茗賦

南齊世祖武皇帝遺詔我靈座上慎勿以牲爲祭但設餅果茶飲乾飯酒脯而已

梁劉孝綽謝晉安王餉米等啓傳詔李孟孫宣教旨垂賜米酒瓜笋葅脯酢茗八種氣苾新城味芳雲松江潭抽節邁昌荇之珍壃埸擢翹越葺精之美羞非純束野麏裛似雪之驢鮓異陶瓶河鯉操如瓊之粲茗同食粲酢類望柑免千里宿舂省三月種聚小人懷惠大懿難忘陶弘景雜録苦茶輕換骨昔丹丘子

責山君服之

後魏録瑯琊王肅仕南朝好茗飲蓴羹及還北地又好羊肉酪漿人或問之茗何如酪肅曰茗不堪與酪爲奴

桐君録西陽武昌廬江晋陵好茗皆東人作清茗茗有餑飲之宜人凡可飲之物皆多取其葉天門冬拔揳取根皆益人又巴東别有眞茗茶煎飲令人不眠俗中多煑檀葉并大皁李作茶並冷又南方有瓜蘆木亦似茗至苦澁取爲屑茶飲亦可通夜不眠煑鹽人但資此飲而交廣最重客來先設乃加以香芼輩

坤元録辰州溆浦縣西北三百五十里無射山云蠻俗當吉慶之時親族集會歌舞於山上山多茶樹

括地圖臨遂縣東一百四十里有茶溪
山謙之吳興記烏程縣西二十里有温山出御荈夷
陵圖經黄牛荆門女觀望州等山茶茗出焉
永嘉圖經永嘉縣東三百里有白茶山
淮陰圖經山陽縣南二十里有茶坡
茶陵圖經云茶陵者所謂陵谷生茶茗焉本草木部
茗苦茶味甘苦微寒無毒主瘻瘡利小便去痰渴熱
令人少睡秋採之苦主下氣消食注云春採之
本草菜部苦茶一名茶一名選一名游冬生益州川
谷山陵道傍凌冬不死三月三日採乾注云疑此即
是今茶一名茶令人不眠本草注按詩云誰謂茶苦
又云菫茶如飴皆苦菜也陶謂之苦茶木類非菜流

茗春採謂之苦搽途遐反

枕中方療積年瘻苦茶蜈蚣並炙令香熟等分擣篩煮甘草湯洗以末傅之

孺子方療小兒無故驚蹶以苦茶葱鬚煮服之

八之出

山南以峽州上峽州生遠安宜都夷陵三縣山谷襄州荊州次襄州生南鄭縣山谷荊州生江陵縣山谷衡州下衡州生衡山茶陵二縣山谷金州梁州又下金州生西城安康二縣山谷梁州生襄城金牛二縣山谷

淮南以光州上生光山縣黃頭港者與峽州同義陽郡舒州次生義陽縣鍾山者與襄州同舒州生太湖縣潛山者與荊州同壽州下盛唐縣生霍山者與衡山同也蘄州黃州又下蘄州生黃梅縣山谷黃州生麻城縣山谷並與荊州梁州同也浙西以湖州上湖州生長城縣顧渚山谷與峽州光州同生山桑儒師二[illegible]白茅山懸腳嶺與襄州荊南

義陽郡同生厠亭山伏翼閣飛雲曲水二寺啄木嶺與壽州常州同生安吉武康二縣山谷與金州梁州同

常州次常州義興縣生君山懸脚嶺北峯下與荊州義陽郡同生圈嶺善權寺石亭山與舒州同

宣州杭州睦州歙州下宣州生宣城縣雅山與蘄州同太平縣生上睦臨睦與黃州同杭州臨安於潛二縣生天目山與舒州同錢塘生天竺靈隱二寺睦州生桐廬縣山谷歙州生婺源山谷與衡州同

潤州蘇州又下潤州江寧縣生傲山蘇州長洲縣生洞庭山與金州蘄州梁州同

劍南以彭州上生九隴縣馬鞍山至德寺棚口與襄州同綿州蜀州次綿州龍安縣生松嶺關與荊州同其西昌昌明神泉縣西山者並佳有過松嶺者不堪採蜀州青城縣生丈人山與綿州同青城縣有散茶木茶

邛州次雅州瀘州下雅州百丈山名山瀘州瀘川者與金州同也

眉州漢州又下眉州丹校縣生鐵山者漢州綿竹縣生竹山者與潤州同

浙東以越州上餘姚縣生瀑布泉嶺曰仙若大者殊異小者與襄州同

明州婺州次明州貿縣生榆筴村婺州東陽縣東自山與荊州同台州下始山豐縣生赤城者與歙州同

黔中生思州播州費州夷州江南生鄂

州袁州吉州嶺南生福州建州韶州象州福州生閩方山之陰縣也其恩播費夷鄂袁吉福建泉韶象十一州未詳往往得之其味極佳

九之略

其造具若方春禁火之時於野寺山園叢手而掇乃蒸乃舂乃[illegible]以火乾之則又棨樸焙貫相穿育等七事皆廢其煮器若松間石上可坐則具列廢用槁薪鼎櫪之屬則風爐灰承炭檛火筴交床等廢若瞰泉臨澗則水方滌方漉水囊廢若五人已下茶可末而精者則羅廢若援藟躋嵒引絙入洞於山口炙而末之或紙包合貯則碾拂末等廢既瓢盌筴札熟盂醝篋悉以一筥盛之則都籃廢但城邑之中王公之門

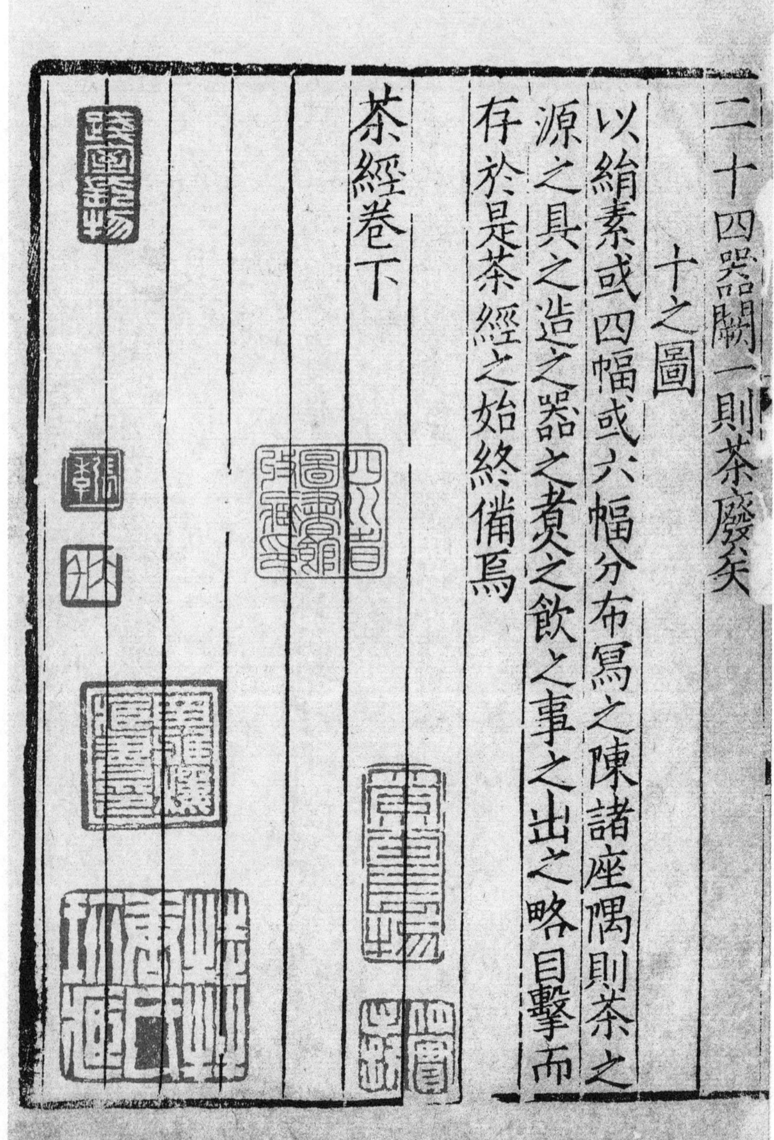

二十四器闕一則茶廢矣

十之圖

以絹素或四幅或六幅分布寫之陳諸座隅則茶之源之具之造之器之煑之飲之事之出之略目擊而存於是茶經之始終備焉

茶經卷下

（宋）朱肱　撰

宋本酒經三卷

宋刻本

據國家圖書館藏宋刻本影印原書版框高二十點五厘米寬十五點五厘米

序　言

《酒經》又稱《北山酒經》，作者朱肱，字翼中，又作亦中，自號無求子，宋浙江烏程（今湖州）人。主要事迹見宋李保《續北山酒經序》。元祐三年（一〇八八）進士。徽宗朝崇寧元年（一一〇二）日食，作爲雄州防禦推官、知鄧州録事參軍上書言灾异，彈劾執政章惇，被罷官，於是退居杭州大隱坊，號大隱翁，釀酒研醫，大觀元年（一一〇七）撰成醫書《類證活人書》，刊布傳世。《酒經》亦應在此時完成。政和四年（一一一四）因朝廷大興醫學，招爲醫學博士，與李保成爲同僚。次年，坐東坡詩案，貶官達州。又次年即詔領朝奉郎、提點洞霄宫歸朝，官至奉議郎直秘阁，人稱『朱奉議』。

中國古代的酒文化源遠流長，目前世界上最早的含酒精飲品的證據出自河南賈湖遺址，距今約七千五百年。《尚書》中即有《酒誥》一篇，勸誡君王不要沉湎於酒。北魏賈思勰在《齊民要術》中最早專門記述了釀酒技術，但對後世影響最大的還是朱肱《酒經》。《酒經》全書三卷，分別叙述了酒的起源、掌故；釀酒工藝的發展流變；酒麯的分類及製法；釀酒的工藝流程和各類酒的釀造方法等。所述釀酒工藝與近代黄酒的釀造方法接近。無論《齊民要術》還是《北山酒經》都將製麯作爲釀酒的核心技術來介紹，這也正體現了中國傳統釀造技術的特點，即麯蘖發酵，它的技術核心是依靠麯蘖。麯蘖是經過長期培養和馴化的黴菌、酵母菌等多種有益微生物群落。發酵過程中酒麯裏的微生物及其分泌的酶將糧食、水果等發酵成酒。中國傳統還將酒繼續釀造成醋，另外有醬麯專門用來發酵製醬，成爲中國獨特的調味品。由於在釀造過程中同時發生了複雜的生物、化學反應，還生成了氨基酸等多種營養物質，造就了中國酒、醋、醬等豐富而又獨特的滋味。《酒經》的版本不多，有的還是僅有一卷『總論』的殘本。此次據以影印的國家圖書館藏本（《第一批國家珍貴古籍名録》00738號）是唯一的宋本，并且首尾俱足，非常珍貴。從避諱和刻工上看，此本當爲南宋前期浙江地區刻本。

此本從鈐印和題跋上看，知其歷經明清藏書名家遞藏，後入國家圖書館。藏家如下：明代秦柄，藏印有『雁里艸堂』『雁里子柄』；明末清初著名學者錢謙益，藏印『錢受之』『錢謙益印』『牧翁』『敬它老人』，書後有辛丑（一六六一）錢謙益跋，稱此書乃絳雲未焚之書，行間校字亦似其手筆；著名學者徐乾學，藏印有『乾學』『徐健庵』『徐氏珍玩』『傳是樓印記』；延令季氏静思堂，藏印有『宋本』、『季振宜藏書』、『季振宜印』、『滄葦』（季振宜）、『季大斗字子祈』（季大斗）；汪氏藝芸精舍，藏印有『汪文琛印』『汪士鐘印』『士鐘』；瞿氏鐵琴銅劍樓，藏印有『鐵琴銅劍樓』、『鐵琴道人』、『瞿氏鑑藏金石記』、『菰里瞿鏞』（瞿鏞）、『良士珍藏』、『良士眼福』（瞿啓甲）。另有兩方印未詳藏家：『誠德堂』『江氏子玉』。

孫顯斌

二〇一九年六月

酒經上

大隱翁撰

酒之作尚矣儀狄作酒醪杜康秫酒豈以善釀得名蓋抑始於此耶酒味甘辛大熱有毒雖可忘憂然能作疾所謂腐腸爛胃潰髓蒸筋而劉詞養生論酒所以醉人者麴蘗氣之故爾麴蘗氣消皆化爲水昔先王誥庶邦庶士無彝酒又曰祀茲酒言天之命民作酒惟祀而已六彝有舟所以戒其覆六尊有罍所以戒其淫陶侃劇飲亦自制其限後世以酒爲漿不醉反耻豈知

百藥之長黃帝所以治疾耶大率晉人嗜酒孔羣作書族人今年秋得七百斛不了麴糵事王忱三日不飲酒覺形神不復相親至於劉殷嵇阮之徒尤不可一日無此要之酣放自肆託於麴糵以逃世網未必真得酒中趣爾古之所謂得全於酒者正不如此是知狂藥自有妙理豈特澆其礧磈者耶五斗先生棄官而歸耕於東皋之野浪遊醉鄉沒身不返以謂結繩之政已薄矣雖黃帝華胥之遊殆未有以過之繇此觀之酒之境界豈餔歠者所能與知哉儒學之士

如韓愈者猶不足以知此又悲醉鄉之徒爲不遇大哉酒之於世也禮天地事鬼神射鄉之飲鹿鳴之歌賓主百拜左右秩秩上至縉紳下逮閭里詩人墨客漁夫樵婦無一可以缺此投閑自放攘襟露腹便然酣卧於江湖之上扶頭解醒忽然而醒雖道術之士鍊陽消陰飢腸如筋而熟穀之液亦不能去唯胡人禪律以此爲戒嗜者至於濡首敗性失理傷生往往屛爵棄巵焚罍折榼終身不復知其味者酒復何過耶平居無事汙罇斗酒發狂蕩之思助江山之興亦

未足以知麴糵之力稻米之功至於流離放逐
秋聲暮雨朝登槽丘暮遊麴封禦魑魅於煙嵐
轉炎荒爲淨土酒之功力其近於道耶與酒遊
者死生驚懼交於前而不知其視窮泰違順特
戲事尒彼飢餓其身焦勞其思牛衣發兒女之
感澤畔有可憐之色又烏足以議此哉鴟夷丈
人以酒爲名含垢受侮與世浮沉而彼騷人高
自標持分別黑白且不足以全身遠害猶以爲
惟我獨醒善乎酒之移人也慘舒陰陽平治險
阻剛愎者薰然而慈仁濡弱者感慨而激烈陵

轢王公，紿玩妻妾，滑稽不窮，斟酌自如，識量之高，風味之孅，足以還澆薄而發猥瑣，豈特此哉。夙夜在公有駜，豈樂飲酒魚藻，酌以大斗行葦，不醉無歸湛露，君臣相遇，播於聲詩，亦未足以語太平之盛。至於黎民休息，日用飲食，祝史無求，神具醉止，斯可謂至德之世矣。然則伯倫之頌德，樂天之論功，蓋未必有以形容之。夫其道深遠，非冥搜不足以發其義；其術精微，非三昧不足以善其事。昔唐逸人追述焦革酒法，立祠配享，又乘自古以來善酒者以爲譜，雖其書脱略卑陋闒者垂涎酣適之士口誦而心醉非酒之董狐其孰能爲之哉昔人有齋中酒廳事酒猥酒雖勻以麴蘗爲之而有聖有賢清濁不同周官酒正以式法授酒材辨五齊之名三酒之物歲中以酒式誅賞月令乃命大酋（音緧大酋酒之官長）也秫稻必齊麴蘗必時湛饎必潔水泉必香陶器必良火齊必得六者盡善更得醯漿則酒人之事過半矣周官漿人掌共王之六飲水漿醴涼醫酏入于酒府而漿最爲先古語有之空桑穢飯醞以稷麥以成醇醪酒之始也說文酒白

謂之醙醙者壞飯也醙者老也飯老即壞飯不壞則酒不甜又曰烏梅女麲（胡板切）甜醹九投澄清百品酒之終也麴之於黍猶鈆之於汞陰陽相制變化自然春秋緯曰麥陰也黍陽也先漬麴而投黍是陽得陰而沸後世麴有用藥者所以治疾也麴用豆亦佳神農氏赤小豆飲汁愈酒病酒有熱得豆爲良但硬薄少蘊藉耳古者醴酒在室醍酒在堂澄酒在下而酒以醇厚爲上飲家須察黍性陳新天氣冷暖春夏及黍性新軟則先湯（平聲）而後米酒人謂之倒湯（去聲）

秋冬及黍性陳硬則先米而後湯酒人謂之正湯醞釀須酴米偷酸說文酴酒母也酴音途投醹偷甜凘人不善偷酸所以酒熟入灰北人不善偷甜所以飲多令人膈上懊憹桓公所謂青州從事平原督郵者此也酒甘易釀味辛難醞釋名酒者酉也酉者陰中也酉用事而爲收也用而爲散散者辛也酒之名以甘辛爲義金木間隔以土爲媒自酸之甘自甘之辛而酒成焉酴米所以要酸投醹所以要甜所謂以土之甘合水作酸以木之酸合土作辛然後知投者所以作辛也說文投者再釀

也張華有九醖酒齊民要術桑落酒有六七投者酒以投多爲善要在麴力相及醁酒所以有韻者亦以其再投故也過度亦多術尤忌見日若太陽出即酒多不中後魏賈思勰亦以夜半蒸炊昧旦下釀所謂以陰制陽其義如此著水無多少拌和黍麥以匀爲度張藉詩釀酒愛乾和即今人不入定酒也晉人謂之乾榨酒大抵用水隨其湯（去聲）黍之大小斟酌之若投多水寬亦不妨要之米力勝於麴麴力勝於水即善矣北人不用酵秪用刷案水謂之信水然信水

非酵也酒人以此體候冷暖爾凡醞不用酵即酒難發醅來遲則脚不正秖用正發酒醅最良不然則掉取醅面絞令稍乾和以麴糵掛於衡茅謂之乾酵用酵四時不同寒即多用温即減之酒人冬月用酵緊用麴少夏月用麴多用酵緩天氣極熱置甕於深屋冬月温室多用氊毯圍遶之語林去抱甕冬醪言冬月釀酒令人抱甕速成而味好大抵冬月蓋覆即陽氣在內而酒不凍夏月閉藏即陰氣在內而酒不動非深得卯酉出入之義孰能知此哉於戲酒之梗槩

曲盡於此若夫心手之用不傳文字固有父子一法而氣味不同一手自釀而色澤殊絶此雖酒人亦不能自知也

酒經上

酒經中

頓遞祠祭麴　香泉麴

香桂麴　杏仁麴

巳上罨麴

瑶泉麴　金波麴

滑臺麴　豆花麴

巳上風麴

玉友麴　⿰酉県酒麴

白醪麴　真一麴

巳上小麴

總論

一於六月三伏中踏造先造峭汁每甕用甜水三石五㪷蒼耳一百斤蚍麻辣蓼各二十斤剉碎爛搗入甕内日煎五七日天陰至十日用盆蓋覆每日用杷子攪兩次濾去滓以和麪此法本爲造麴多處設要之不若取自然汁爲佳若秪造三五百斤麪取上三物爛搗入井花水裂取自然汁則酒味辛辣内法酒庫杏仁麴止是用杏仁研取汁即酒味醇甜麴用香藥大抵辛香發散而巳每片可重一斤四兩乾時可

得一斤直須實踏若虛則不中造麴水多則糖心水脉不匀則心内青黑色傷熱則心紅傷冷則發不透而體重惟是體輕心内黄白或上面有花衣乃是好麴自踏造日爲始約一月餘日出場子且於當風處井欄𭉨起更候十餘日打開心内無濕處方於日中曝乾候冷乃收之收麴要高燥處不得近地氣及陰潤屋舍盛貯仍防蟲鼠穢汚四十九日後方可用

頓遞祠祭麴

小麥一石磨白麪六十斤分作兩栲栳使道人

頭𧑒麻花水共七升拌和似麥飯入下項藥

白术二兩半　川芎一兩　白附子半兩

瓜蒂一字　木香一錢半

已上藥擣羅爲細末匀在六十斤

麪内

道人頭十六斤　𧑒麻八斤一名辣母藤

已上草揀擇剉碎爛擣用大盆盛

新汲水浸攪拌似藍澱水濃爲度

秖收一㪷四升將前麪拌和令匀

右件藥麪拌時湏乾濕得所不可貪水握得聚

擈得散是其訣也便用麤篩隔過所貴不作塊按令實用厚複蓋之令煖三四時辰水脉匀或經宿夜氣留潤亦佳方入模子用布包裹實踏仍預治淨室無風處安排下場子先用板隔地氣下鋪麥麲約一尺浮上鋪箔箔上鋪麴看遠近用草人子爲槷音至上用麥麲蓋之又鋪箔箔上又鋪麴依前鋪麥麲四面用麥麲劄實風道上面更以黃蒿稀壓定須一日兩次覰步體當發得緊慢傷熱則心紅傷冷則體重若發得熱周遭麥麲微濕則減去上面蓋者麥麲并取去

四面劄塞令透風氣約三兩時辰或半日許依
前蓋覆若發得太熱即再蓋減麥䴷令薄如冷
不發即添麥䴷厚蓋催趂之約發及十餘日已
來將麴側起兩兩相對再如前罨之䕯兀日足
然後出草（去聲立曰䕯側曰兀）

香泉麴

白麪一百斤分作三分共使下項藥

川芎（七兩）　白附子（半兩）　白朮（三兩半）

瓜蔕（二錢）

已上藥共擣羅爲末用馬尾羅篩

過亦分作三分與前項麪一處拌和令勻每一分用井水八升其踏罨與頓遞祠祭法同

香桂麴

每麪一百斤分作五處

木香一兩 官桂一兩 防風一兩

道人頭一兩 白朮一兩 杏仁一兩去皮尖細研

右件爲末將藥亦分作五處拌入麪中次用蒼耳二十斤虵麻一十五斤擇淨剉碎入石臼搗爛入新汲井花水二㪷一處揉如藍相似取汁

二㪷四升每一分使汁四升七合竹簕落內一處拌和其踏罨與頓遞祠祭法同

杏仁麯

每麪一百斤使杏仁十二兩去皮尖湯浸於砂盆內研爛如乳酪相似用冷熟水二㪷四升浸杏仁爲汁分作五處拌麪其踏罨如頓遞祠祭法同

已上罨麯

瑤泉麯

白麪六十斤上甑蒸 糯米粉四十斤一㪷米粉秤得六斤半

已上粉麪先拌令勻次入下項藥

白术一兩　防風半兩　白附子半兩

官桂二兩　瓜蒂一分　檳榔半兩

胡椒一兩　桂花半兩　丁香半兩

人參一兩　天南星半兩　茯苓一兩

香白芷一兩　川芎一兩　肉豆蔻一兩

右件藥並爲細末與粉麪拌和訖再入杏仁三斤去皮尖磨細入井花水一斗八升調勻旋灑於前項粉麪内拌勻復用麤篩隔過實踏用桑葉裹盛於紙袋中用繩繫定即時掛起不得積

下仍單行懸之三七日去桑葉秪是紙袋兩月可收

金波麴

木香三兩　川芎六兩　白术九兩

白附子半斤　官桂七兩　防風二兩

黑附子二兩炮去皮　瓜蒂半兩

右件藥都擣羅爲末每料用糯米粉白麪共三百斤使上件藥拌和令勻更用杏仁二斤去皮尖入砂盆内爛研濾去滓然後用水蓼一斤道人頭半斤蚍麻一斤同擣爛以新汲水五㪷揉

取濃汁和搜入盆內以手拌勻於淨席上堆放
如法蓋覆一宿次日早辰用模踏造唯實爲妙
踏成用穀葉裹盛在紙袋中掛閣透風處半月
去穀葉秪置於紙袋中兩月方可用

滑臺麴

白麪一百斤糯米粉一百斤

已上粉麪先拌和令勻次入下項

藥

白朮四兩　官桂二兩　胡椒二兩

川芎二兩　白芷二兩　天南星二兩

瓜蒂半两　杏仁二斤用温湯浸去皮尖更冷水淘三两遍入砂盆内研旋入井花水取濃汁二㪷

右件擣羅爲細末將粉麪并藥一處拌和令匀然後將杏仁汁旋洒於前項粉麪内拌揉亦須乾濕得所握得聚撲得散即用麤篩隔過於淨席上堆放如法蓋三四時辰候水脉匀入模子内實踏用刀子分爲四片逐片印風字訖用紙袋子包裹掛無日透風處四十九日踏下便入紙袋盛掛起不得積下掛時相離着不得厮沓恐熱不透風每一石米用麴一百二十两隔年

陳麴有力秖可使十两

豆花麴

白麪五㪷　赤豆七升　杏仁三两

川烏頭三两　官桂二两　麥蘗四两焙乾

右除豆麪外並爲細末却用蒼耳辣蓼勸毋藤三味各一大握擣取濃汁浸豆一伏時漉出豆蒸以麋爛爲度（豆須是煑爛成砂控乾放冷方堪用若煑不爛即造酒出有豆醒氣）却將浸豆汁煎數沸別頓放候蒸豆熟放冷搜和白麪并藥末硬軟得所帶軟爲佳如硬更入少浸豆汁緊踏作片子秖用紙裹以麻皮寬

縛定掛透風處四十日取出曝乾即可用須先露五七夜後使七八月已後方可使每㪷用六兩隔年者用四兩此麴謂之錯着水李都尉玉漿乃用此麴但不用蒼耳辣蓼勤毋藤三種耳又一法只用三種草汁浸米一夕擣粉每㪷爛煮赤豆三升入白麪九斤拌和踏桑葉裹入紙袋當風掛之即不用香藥耳

巳上風麴

玉友麴

辣蓼勤毋藤蒼耳各二斤青蒿桑葉各減半並取近上稍嫩者用石臼爛擣布絞取自然汁更以杏仁百粒去皮尖細研入汁内先將糯米揀

擻一㪷急淘淨控極乾爲細粉更曬令乾以藥汁逐旋勻洒拌和乾濕得所（乾濕不可過以意量度）摶成餅子以舊麴末逐箇爲衣各排在篩子内於不透風處淨室内先鋪乾草（一方用青蒿鋪蓋）厚三寸許安篩子在上更以草厚四寸許覆之覆時須勻不可令有厚薄一兩日間不住以手探之候餅子上稍熱仍有白衣即去覆者草明日取出通風處安卓子上須稍乾旋旋逐箇揭之令離篩子更數日以藍子懸通風處一月可用罨餅子須熱透又不可過候此爲最難未乾見日即裂

夏月造易蛀唯八月造可備一秋及來春之
用自四月至九月可釀九月後寒即不發

白醪麴

粳米三升　糯米一升淨淘洗爲細粉
川芎一兩　峽椒一兩爲末麴母末一
兩與米粉藥末等拌勻蓼葉一束
桑葉一把　蒼耳葉一把
右爛搗入新汲水破令得所濾汁拌米粉無令
濕捻成團須是緊實更以麴母遍身糝過爲衣
以穀樹葉鋪底仍蓋一宿候白衣上揭去更候
五七日曬乾以藍盛掛風頭每斗三兩過半年

以後即使二兩半

小酒麴

每糯米一㪷作粉用蓼汁和匀次入肉桂甘草杏仁川烏頭川芎生薑與杏仁同研汁各用一分作餅子用穰草蓋勿令見風熱透後番依玉友罨法出場當風懸之每造酒一斗用四兩

真一麴

上等白麵一㪷以生薑五兩研取汁酒拌揉和依常法起酵作蒸餅切作片子掛透風處一月輕乾可用

蓮子麴

糯米二斗淘淨少時蒸飯攤了先用麵三斗細切生薑半斤如豆大和麵微炒令黃放冷隔宿亦攤之候飯溫拌令匀匀令作塊放蘆蓆上攤以蒿草罨作黃子勿令黃子黑但白衣上即去草番轉更半日將日影中曬乾入紙袋盛掛在梁上風吹

巳上醁麴

酒經下

卧漿

六月三伏時用小麥一㪷煮粥爲脚日間懸胎蓋夜間實蓋之逐日浸熱麵漿或飲湯不妨給用但不得犯生水造酒最在漿其漿不可才酸便用須是味重酴米偷酸全在於漿大法漿不酸即不可醞酒蓋造酒以漿爲祖無漿處或以水解醋入葱椒等煎謂之合新漿如用已曾浸米漿以水解之入葱椒等煎謂之傳舊漿今人呼爲酒漿是也酒漿多漿臭而無香辣之味以

此知須是六月三伏時造下漿免用酒漿也酒漿寒凉時猶可用温熱時即須用卧漿寒時如卧漿闕絶不得已亦須且合新漿用也

淘米

造酒治糯爲先須令揀擇不可有粳米若旋揀實爲費力要須自種糯穀即全無粳米免更揀擇古人種秫蓋爲此凡米不從淘中取淨從揀中取淨緣水秪去得塵土不能去砂石鼠糞之類要須旋舂簸令潔白走水一淘大忌久浸蓋揀簸既淨則淘數少而漿入但先傾米入籮約

度添水用杷子靠定籮唇取力直下不住手急打斡使水米運轉自然勻淨才水清即住如此則米已潔淨亦無陳氣仍須隔宿淘控方始可用蓋控得極乾即漿入而易酸此爲大法

煎漿

假令米一石用臥漿水一石五斗臥漿者夏月所造酸漿也非用已曾浸米酒漿也仍先須子細刷洗鍋器三四遍先煎三四沸以笊籬漉去白沫更候一兩沸然後入葱一大握祠祭以薤代葱椒一兩油二兩麵一盞以漿半椀調麵打成薄水同煎六七沸煎時不住手攪不攪則有

偏沸及有壿着處葱熟即便漉去葱椒等如漿酸亦須約分數以水解之漿味淡即更入釅醋要之湯米漿以酸美爲十分若用九分味酸者則每漿九㪷入水一㪷解之餘皆倣此寒時用九分至八分温凉時用六分至七分熱時用五分至四分大凡漿要四時改破冬漿濃而涎春漿清而涎夏不用苦涎秋漿如春漿造酒看漿是大事古諺去看米不如看麴看麴不如看酒看酒不如看漿

湯米

一石甕埋入地一尺先用湯湯甕然後拗漿逐旋入甕不可一併入生甕恐損甕器便用棹篦攪出大氣然後下米（米新即倒湯米陳即正湯湯字去聲切倒湯者坐漿湯米也正湯者先傾米在甕內傾漿入也其湯須接續傾入不住手攪）湯太熱則米爛成塊湯慢即湯（去聲切）不倒而米澁但漿酸而米淡寧可熱不可冷冷即湯米不酸兼無涎生亦須看時候及米性新陳春間用插手湯夏間用宜似熱湯秋間即魚眼湯（比插手差熱）冬間須用沸湯若冬月却用溫湯則漿水力慢不能發脫夏月若用熱湯則漿水力緊湯損亦不能發

脕所貴四時漿水温熱得所湯米時逐旋傾湯接續入甕急令二人用棹篦連底抹起三五百下米滑及顏色光粲乃止如米未滑於合用湯數外更加湯數斟湯之不妨秖以米滑爲度須是連底攪轉不得停手若攪少非特湯米不滑兼上面一重米湯破下面米湯不匀有如爛粥相似直候米滑漿温即住手以席薦圍蓋之令有煖氣不令透氣夏月亦蓋但不須厚尒如早辰湯米晚間又攪一遍晚間湯米來早又復再攪每攪不下一二百轉次日再入湯又攪謂之

接湯接湯後漸漸發起泡沫如魚眼蝦跳之類大約三日後必醋矣尋常湯米後第二日生漿泡如水上浮漚第三日生漿衣寒時如餅煖時稍薄第四日便嘗若已酸美有涎即先以笊籬掉去漿面以手連底攪轉令米粒相離恐有結米蒸時成塊氣難透也夏月秪隔宿可用春間兩日冬間三宿要之須候漿如牛涎米心酸用手一撚便碎然後漉出亦不可拘日數也惟夏月漿米熱後經四五宿漸漸淡薄謂之倒了蓋夏月熱後發過罨損況漿味自有死活若漿面

有花衣浡白色明快涎黏米粒圓明鬆利嚼着味酸甕內溫煖乃是漿活若無花沫漿碧色不明快米嚼碎不酸或有氣息甕內冷乃是漿死蓋是湯時不活絡善知此者嘗米不嘗漿不知此者嘗漿不嘗米大抵米酸則無事於漿漿死却須用杓盡擎出元漿入鍋重煎再湯緊慢比前來減三分謂之接漿依前蓋了當宿即醋或秪擎出元漿不用漉出米以新水衝過出却惡氣上甑炊時別煎好酸漿潑饋下腳亦得要之不若接漿為愈然亦在看天氣寒溫隨時體當

蒸醋麋

欲蒸麋隔日漉出漿衣出米置淋甕滴盡水脉以手試之入手散蔌蔌地便堪蒸若濕時即有結麋先取合使潑麋漿以水解依四時定分數依前入葱椒等同煎用篦不住攪令勻沸若不攪則有偏沸及煿竈釜處多致鐵腥漿香熟別用盆甕内放冷下脚使用一面添水燒竈安甑單勿令偏側若刷釜不淨置單偏仄或破損并氣未上便裝飾漏下生米及竈內湯太滿（可八分滿）則多致湯溢出衝單氣直上突酒人謂之甑達

則饙有生熟不勻急傾少生油入釜其沸自止須候釜沸氣上将控乾酸米逐旋以杓輕手續續趂氣撒裝勿令壓實一石米約作三次裝一層氣透又上一層每一次上米用炊箒掠撥周四上下生米在氣出處直候氣勻無生米掠撥不動更看氣緊慢不勻處用米杴子撥開慢處擁在緊處謂之撥溜若箄子周遭氣小須從外撥來向上如鏺背相似時復用氣杖子試之劄處若實即是氣流劄處若虛必有生米即用杴子飜起撥勻候氣圓用木拍或蓆蓋之更候大

氣上以手拍之如不黏手權住火即用杴子攪斡盤搰將煎下冷漿二㪷隨棹酒撥每一石米湯用冷漿二㪷如要醇濃即少用水饋酒自然稠厚便用棹篦拍擊令米心勻破成糜緣漿米既已浸透又更蒸熟所以棹篦拍着便見皮拆心破裏外肥爛成糜再用木拍或篩蓋之微留少火泣定水脉即以餘漿洗案令潔淨出糜在案上攤開令冷翻梢一兩遍脚糜若炊得稀薄如粥即造酒尤醇搜拌入麴時却縮水勝如旋入別水也四時並同洗案刷甕之類並用熟漿不得入生水

用麯

古法先浸麯發如魚眼湯淨淘米炊作飯令極冷以絹袋濾去麯滓取麯汁於甕中即投飯近世不然吹飯冷同麯搜拌入甕麯有陳新陳麯力緊每㪷米用十兩新麯十二兩或十三兩臘脚酒用麯宜重大抵麯力勝則可存留寒暑不能侵米石百兩是爲氣平十之上則苦十之下則甘要在隨人所嗜而增損之凡用麯日曝夜露齊民要術夜乃不收令受霜露須看風陰恐雨潤故也若急用則麯乾亦可不必霜露也受霜

露二十日許彌令酒香麴須極乾若潤濕則酒
惡矣新麴未經百月心未乾者須擘破炕焙未
得便擣須放隔宿若不隔宿則造酒定有炕麴
氣大約每蚪用麴八兩須用小麴一兩易發無
失善用小麴雖煮酒亦色白今之玉友麴用二
桑葉者是也酒要辣更於酘飯中入麴放冷下
此要訣也張進造供御法酒使兩色麴每糯米
一石用杏仁罨麴六十兩香桂罨麴四十兩一
法醖酒罨麴風麴各半亦良法也四時麴麤細
不同春冬醖造日多即擣作小塊子如骰子或

皁子大則發斷有力而味醇釅秋夏醞造日淺則差細欲其麴米早相見而就熟要之麴細則味甜美麴麤則硬辣若麤細不匀則發得不齊酒味不定大抵寒時化遲不妨宜用麤麴暖時麴欲得疾發宜用細末雖然酒人亦不執或醅緊恐酒味太辣則添入米一二斗若發太慢恐酒甜即添麴三四斤定酒味全此時亦無固必也供御祠祭用麴並在酴米内盡用之酘飯更不入麴一法將一半麴於酘飯内分使氣味芳烈却須並爲細末也唯羔兒酒盡於脚飯内着

麴不可不知也

合酵

北人造酒不用酵然冬月天寒酒難得發多攧了所以要取醅面正發醅爲酵最妙其法用酒甕正發醅撆取面上浮米糝控乾用麴末拌令濕匀透風陰乾謂之乾酵凡造酒時於漿米中先取一升已來用本漿煮成粥放冷冬月微温用乾酵一合麴末一斤攪拌令匀放暖處候次日捜飯時入釀飯甕中同拌大約申時欲捜飯須早辰先發下酵直候酵來多時發過方可用

蓋酵才來未有力也酵肥為來酵塌可用又況用酵四時不同須是體襯天氣天寒用湯發天熱用水發不在用酵多少也不然秪取正發酒醅二三杓拌和尤捷酒人謂之傳醅免用酵也

酴米 酴米酒母也今人謂之脚飯

蒸米成糜策在案上頻頻翻不可令上乾而下濕大要在體襯天氣溫涼時放微冷熱時令極冷寒時如人體金波法一石糜用麥蘗四兩炒令冷麥蘗咬盡米粒酒乃醇醲糝在糜上然後入麴酵一處衆手操之務令麴與糜勻若糜稠硬即旋入少冷

漿同揉亦在隨時相度大率搜糵秖要拌得麴
與糵匀足矣亦不須搜如糕糜京醞搜得不見
麴飯所以太甜麴不須極細麴細則甜美麴麤
則硬辣麤細不等則發得不齊酒味不定大抵
寒時化遲不妨宜用麤麴可投子大暖時宜用
細末欲得疾發大約每一㪷米使大麴八两小
麴一两易發無失並於脚飯內下之不得旋入
生麴雖三酘酒亦盡於脚飯中下計筭斤两搜
拌麴糵匀即般入甕甕底先糝麴末更留四五
两麴蓋面將糵逐叚排垜用手緊按甕邊四畔

拍令實中心剜作坑子入刷案上麴水三升或五升已來微温入在坑中并潑在醅面上以爲信水大凡醞造須是五更初下手不令見日此過度法也下時東方未明要了若太陽出即酒多不中一伏時歇開甕如滲信水不盡便添薦蓆圍裹之如溢盡信水發得匀即用杷子攪動依前蓋之頻頻揩汗三日後用手捺破頭尾緊即連底掩攪令匀若更緊即便摘開分減入別甕貴不發過一面炊甜米便酘不可隔宿恐發過無力酒人謂之摘脚脚緊多由糜熱大約兩

三日後必動如信水滲盡醅面當心夯起有裂紋多者十餘條少者五七條即是發緊須便分減大抵冬月醅脚厚不妨夏月醅脚要薄如信水未乾醅面不裂即是發慢須更添蓆圍裹候一二日如尚未發每醅一石用杓取出二㪷以來入熱蒸糜一㪷在內却傾取出者醅在上面蓋之以手按平候一二日發動據後來所入熱糜計合用麴入甕一處拌勻更候發緊掩捺謂之接醅若下脚後依前發慢即用熱湯湯臂膊入甕攪掩令冷熱勻停須頻蘸臂膊貴要接助

熱氣或以一二升小瓶貯熱湯密封口置在甕底候發則急去之謂之追魂或倒出在案上與熱甜糜拌再入甕厚蓋合且候隔兩夜方始攪撥依前緊蓋合一依投抹次第體當漸成醅謂之搭引或秪入正發醅脚一斗許在甕當心却撥慢醅蓋合次日發起攪撥亦謂之搭引造酒要脚正大忌發慢所以多方救助冬月置甕在温暖處用薦蓆圍裹之入麥䴷黍穰之類凉時去之夏月置甕在深屋底不透日氣處天氣極熱日間不得掀開用磚鼎足閣起恐地氣此爲大法

蒸甜糵

凡蒸酘糵先用新汲水浸破米心淨淘令水脉微透庶蒸時易軟脚米走水淘恐水透漿不入難得酘投飯不湯故欲浸透也然後控乾候甑氣上撒米裝甜米比醋糵鬆利易炊候裝徹氣上用木篦杴箒掠撥甑周回生米在氣出緊處掠撥平整候氣匀溜用篦翻攪再溜氣匀用湯潑之謂之小潑再候氣匀用篦翻攪候米匀熟又用湯潑謂之大潑復用木篦攪斡隨篦潑湯候匀軟稀稠得所取出盆内以湯微洒以一器蓋之候滲盡出在案上翻梢

三两遍放令极冷四时并同其撥溜盤棹並同蒸脚

糜法唯是不犯漿秖用葱椒油麪比前减半同

煎白湯潑之每㪷不過潑二升拍擊米心匀破

成糜亦如上法

投醹

投醹最要厮應不可過不可不及脚熱發緊不

分摘開發過無力方投非特酒味薄不醇美兼

麴末少咬甜糜不住頭脚不厮應多致味酸若

脚嫩力小酘早甜糜冷不能發脱折斷多致涎

慢酒人謂之攧了須是發緊迎甜便酘寒時四

六酘温凉時中停酘熱時三七酘醖法總論天暖時二分爲脚一分投天寒時中停投如極寒時一分爲脚二分投大熱或更不投一法秖看醅脚緊慢加減投亦治法也若醅脚發得恰好即用甜飯依數投之（若用黄米造酒秖以醋糜一半投之謂之脚搭脚如此醖造暖時尤穩）若發得太緊恐酒味太辣即添入米一二㪷若發得太慢恐酒太甜即添入麴三四斤定酒味全在此時也四時並須放冷齊民要術所以專取桑落時造者黍必令極冷故也酘飯極冷即酒味方辣所謂偷甜也投飯寒時爛

揉溫涼時不須令爛熱時秪可拌和停勻恐傷
人氣北人秋冬投飯秪取脚醅一半於案上共
酘飯一處搜拌令勻入甕却以舊醅蓋之緣有一半
舊醅在甕夏月脚醅須盡取出案上搜拌務要出却
脚麋中酸氣一法脚緊案上搜脚慢甕中搜亦
佳寒時用薦蓋溫熱時用蓆若天氣大熱發緊
秪用布罩之逐日用手連底掩拌務要甕邊冷
醅來中心寒時以湯洗手臂助暖氣熱時秪用
木杷攪之不拘四時頻用托布抹汗五日已後
更不須攪掩也如米粒消化而沸未止麴力大

更醱爲佳齊民要術初下用米一石次醱五㪷又四斗又三斗以漸待米消即醞無令勢不相及味足沸定爲熟氣味雖正沸未息者麴勢未盡宜更醱之不醱則酒味苦薄矣第四第五六醱用米多少皆候麴勢強弱加減之亦無定法惟須米粒消化乃醱之要在善候麴勢麴勢未窮米粒已消多醱爲良世人云米過酒甜此乃不解體候耳酒冷沸止米有不消化者便是麴力盡也若沸止醅塌即便封泥起不令透氣夏月十餘日冬深四十日春秋二十三四日可上槽大抵要體當天氣冷暖與南北氣候即知酒熟有早晚亦不可拘定日數酒人看醅生熟以手試之若撥動有聲即是未熟若醅面乾如蜂窠眼子撥撲有酒滲起即是熟也供御祠祭

十月造酘後二十日熟十一月造酘後一月熟
十二月造酘後五十日熟

酒器

東南多甆甕洗刷淨便可用西北無之多用瓦甕若新甕用炭火五七斤罩甕其上候通熱以油蠟徧塗之若舊甕冬初用時須薰過其法用半頭塼鐺脚安放合甕塼上用乾黍穰文武火薰於甑釜上蒸以甕邊黑汁出爲度然後水洗三五遍候乾用之更用漆之尤佳

上槽

造酒寒時須是過熟即酒清數多渾頭白醭少溫涼時并熱時須是合熟便壓恐酒醅過熟又糟內易熱多致酸變大約造酒自下脚至熟寒時二十四五日溫涼時半月熱時七八日便可上糟仍須勻裝停鋪手安壓板正下砧簟所貴壓得勻乾并無箭失轉酒入甕須垂手傾下免見濯損酒味寒時用草薦麥麩圍蓋溫涼時去了以單布蓋之候三五日澄折清酒入瓶

收酒

上榨以器就滴恐滴遠損酒或以小杖子引下

亦可壓下酒須先湯洗瓶器令淨控乾二三日一次折澄去盡脚才有白絲即渾直候澄折得清爲度即酒味倍佳便用蠟紙封閉務在滿裝瓶不在大以物閣起恐地氣發動酒脚失酒味仍不許頻頻移動大抵酒澄得清更滿裝雖不煑夏月亦可存留內酒庫水酒夏月不煑秖是過熟上榨澄清收

煑酒

凡煑酒每斗入蠟二錢竹葉五片官局天南星丸半粒化入酒中如法封繫置在甑中第二次煑酒不用前來湯別須用冷水下然後發火候甑簞上酒香透酒溢

出倒流便揭起甑蓋取一瓶開看酒衮即熟矣便住火良久方取下置於石灰中不得頻移動白酒須潑得清然後煮煮時瓶用桑葉冥之金波兼使白酒麴才榨下槽略澄折二三日便蒸雖煑酒亦白色

火迫酒

取清酒澄三五日後據酒多少取甕一口先淨刷洗訖以火烘乾於底旁鑽一竅子如筯麤細以柳屑子定將酒入在甕入黃蠟半斤甕口以油單子蓋繫定別泥一間淨室不得令通風門子可寸入得甕置甕在當中間以塼五重襯甕底

於當門裏着炭三秤籠令實於中心着半斤許熟火便用閉門門外更懸薦簾七日後方開又七日方取喫取時以細竹子一條頭邊夾少新綿款款抽屑子以器承之以綿竹子遍於甕底攪纏盡着底濁物清即休纏每取時却入一竹筒子如醋淋子旋取之即耐停不損全勝於煮酒也

曝酒法

平旦起先煎下甘水三四升放冷着盆中日西将衡正純糯一斗用水淨淘至水清浸良久方

漉出瀝令米乾炊再餾飯約四更飯熟即卸在案卓上薄攤令極冷昧旦日未出前用冷湯二椀拌飯令飯粒散不成塊每㪷用藥二兩王友白醪小酒真一麴同秖槌碎爲小塊并末用手摻拌入飯中令粒粒有麴即逐段拍在甕四畔不須令太實唯中間開一井子直見底却以麴末摻醅面即以濕布蓋之如布乾又漬潤之常令布濕乃其訣也又不可令布太濕恐滴水入候漿來井中滿時時酌澆四邊直候漿來極多方用水一盞調大酒麴一兩投井漿中然後用竹刀界醅作六七片擘碎番轉醅面上有白衣宜去

之即下新汲水二挑依前濕布罨之更不得動少時自然結面醅在上漿在下即別淘糯米以先下脚米筭數（天涼對投天熱半投）隔夜浸破米心次日晚西炊飯放冷至夜酘之（再入藥二兩）取甕中漿來拌勻捺在甕底以舊醅蓋之次日即大發候酘飯消化沸止方熟乃用竹篘篘之若酒面帶酸篘時先以手撩去酸面然後以竹篘插入缸中心取酒其酒甕用木架起須安置涼處仍畏濕地此法夏中可作稍寒不成

白羊酒

拌

臘月取絶肥嫩羯羊肉三十斤肉三十斤內要肥膘十斤連骨使水六㪷已來入鍋煑肉令極軟漉出骨將肉絲擘碎留着肉汁炊蒸酒飯時匀撒脂肉於飯上蒸令軟依常盤攪使盡肉汁六㪷潑饋了再蒸良久卸案上攤令温冷得所揀好脚醅依前法醞拌更使肉汁二升以來收拾案上及充壓面水依尋常大酒法日數但麴盡於醁米中用尔一法脚醅發祇於醞飯內方煑肉取脚醅一處搜拌入甕

地黄酒

地黄擇肥實大者每米一㪷生地黄一斤用竹

元

刀切略於木石臼中擣碎同米拌和上甑蒸熟依常法入醞黃精亦依此法

菊花酒

九月取菊花曝乾揉碎入米饙中蒸令熟醞酒如地黃法

酴醾酒

七分開酴醾摘取頭子去青萼用沸湯綽過紐乾浸法酒一升經宿漉去花頭勻入九升酒內此洛中法

蒲萄酒法

醱米入甑蒸氣上用杏仁五兩（去皮尖）蒲萄二斤半（浴過乾去子皮）與杏仁同於砂盆內一處用熟漿三㪷逐旋研盡爲度以生絹濾過其三㪷熟漿潑飯軟蓋良久出飯攤於案上依常法候溫入麴搜拌

猥酒

每石糟用米一㪷煑粥入正發醅一升以來拌和糟令溫候一二日如蟹眼發動方入麴三斤麥蘖末四兩搜拌蓋覆直候熟却將前來黃頭并折澄酒脚傾在甕中打轉上榨

神仙酒法

武陵桃源酒法

取神麴二十两細剉如棗核大曝乾取河水一㪷澄清浸待發取一㪷好糯米淘三二十遍令淨以水清爲三溜炊飯令極軟爛攤冷以四時氣候消息之投入麴汁中熟攪令似爛粥候發即更炊二㪷米依前法更投二㪷嘗之其味或不似酒味勿恠之候發又炊二㪷米投之候發更投三㪷待冷依前投之其酒即成如天氣稍冷即煖和熟後三五日甕頭有澄清者先取飲

之蠲除萬病令人輕健縱令酣酌無所傷此本
於武陵桃源中得之久服延年益壽後被齊民
要術中採綴編録時人縱傳之皆失其妙此方
蓋桃源中真本也今商量以空水浸麴末爲妙
每造一斗米先取一合以水煑取一升澄取清
汁浸麴待發經一日炊飯候冷即出甕中以麴
熟和還入甕內每投皆如此其第三第五皆酒
待發後經一日投之五投畢待發定訖更一兩
日然後可壓漉即滓太半化爲酒如味硬即每
一斗酒蒸三升糯米取大麥麴糵一大匙神麴

末一大分孰攪和盛葛袋中内入酒瓶候甘美即去却袋凡造諸色酒北地寒即如人氣投之南中氣暖即須至冷爲佳不然則醋矣已北造往往不發緣地寒故也雖料理得發味終不堪但密泥頭經春暖後即一甕自成美酒矣

真人變髭髮方

糯米二㪷淨簸擇不得令有雜米 地黄二㪷其地黄先淨洗候水脉盡以竹刀切如豆顆大勃堆疊二斗不可犯鐵器

母薑四斤生用以新布巾揩之去皮須見肉細切秤之

法麯二斤若常麯四斤擣爲末

右取糯米以清水淘令淨一依常法炊之良久即不饋入地黄生薑相重炊待熟便置於盆中熟攪如粥候冷即入麴末置於通油瓷缾甕中醞造密泥頭更不得動夏三十日秋冬四十日每飢即飲常服尤妙

妙理麴法

白麪不計多少先淨洗辣蓼爛搗以新布絞取汁以新刷箒洒於麪中勿令太濕但只踏得就爲度候踏實每个以紙袋挂風中一月後方可取日中曬三日然後收用

時中麴法

每菉豆一㪷揀淨水淘候水清浸一宿蒸豆極爛攤在案上候冷用白麪十五斤辣蓼末一升蓼曬乾擣爲末須旱地上生者極辣豆麪大㪷用大秤省㪷用省秤將豆麪辣蓼一處拌勻入臼內擣極相乳入如乾入少蒸豆水不可太乾不可太濕如乾麥飯爲度用布包踏成圓麴中心留一眼要索穿以麥稈穰草罨一七日先用穰草鋪在地上及用穰草繫成束排成間起麴令懸空取出以索穿當風懸掛不可見日一月方乾用時每㪷用麴四兩須擣成末焙乾用

冷泉酒法

每糯米五㪷先取五升淘淨蒸飯次將四斗五升米淘淨入甕內用梢箕盛蒸飯五升坐在生米上入水五斗浸之候漿酸飯浮（約一兩日）取出用麴五兩拌和勻先入甕底次取所浸米四㪷五升控乾蒸飯軟硬得所攤令極冷用麴末十五兩取浸漿每㪷米用五升拌飯與麴令極勻不令成塊按令面平（罨浮飯在底不可攪拌）以麴少許糝面用盆蓋甕口紙封口縫兩重再用泥封紙縫勿令透氣夏五日春秋七八日

酒經一冊乃絳雲未焚之書五車四部盡為六
丁下取獨留此經天殆縱余終老醉鄉故以此
轉授　遵王令勿遠求羅浮鐵橋下耶余已得
脩羅採花法釀仙家燭夜酒視此經又如餕杭
老媪家油囊俗譜耳辛丑初夏蒙翁戲書

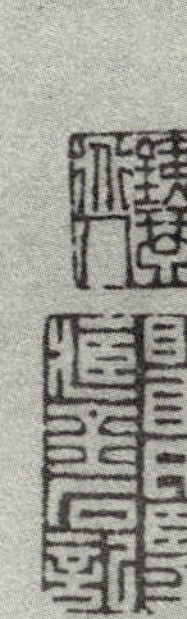